EMPOWERED WOMAN
COMPANION JOURNAL

Empowered Woman

www.steelpublishinggroup.com

Empowered Woman

www.AdebolaAjao.com

Empowered Woman

Empowered Woman

Empowered Woman

Empowered Woman

Empowered Woman

Empowered Woman

Empowered Woman

Empowered Woman

Empowered Woman

Empowered Woman

Empowered Woman

Empowered Woman

Empowered Woman

Empowered Woman

Empowered Woman

Empowered Woman

Empowered Woman

Empowered Woman

Empowered Woman

Empowered Woman

Empowered Woman

Empowered Woman

Empowered Woman

Empowered Woman

Empowered Woman

Empowered Woman

Empowered Woman

Empowered Woman

Empowered Woman

Empowered Woman

Empowered Woman

Empowered Woman

Empowered Woman

Empowered Woman

Empowered Woman

Empowered Woman

Empowered Woman

Empowered Woman

Empowered Woman

Empowered Woman

Empowered Woman

Empowered Woman

Empowered Woman

Empowered Woman

Empowered Woman

Empowered Woman

Empowered Woman

Empowered Woman

Empowered Woman

Empowered Woman

Empowered Woman

Empowered Woman

Empowered Woman

Empowered Woman

Empowered Woman

Empowered Woman

Empowered Woman

Empowered Woman

Empowered Woman

Empowered Woman

Empowered Woman

Empowered Woman

Empowered Woman

Empowered Woman

Empowered Woman

Empowered Woman

Empowered Woman

Empowered Woman

Empowered Woman

Empowered Woman

Empowered Woman

Empowered Woman

Empowered Woman

Empowered Woman

Empowered Woman

Empowered Woman

Empowered Woman

Empowered Woman

Empowered Woman

Empowered Woman

Empowered Woman

Empowered Woman

Empowered Woman

Empowered Woman

_____
_____
_____
_____
_____
_____
_____
_____
_____
_____
_____
_____
_____
_____
_____
_____
_____
_____
_____
_____
_____
_____

Empowered Woman

Empowered Woman

Empowered Woman

Empowered Woman

Empowered Woman

Empowered Woman

Empowered Woman

Empowered Woman

Empowered Woman

Empowered Woman

Empowered Woman

Empowered Woman

Empowered Woman

_____
_____
_____
_____
_____
_____
_____
_____
_____
_____
_____
_____
_____
_____
_____
_____
_____
_____
_____
_____
_____
_____
_____
_____

Empowered Woman

Empowered Woman

Empowered Woman

Empowered Woman

Empowered Woman

Empowered Woman

Empowered Woman

Empowered Woman

Empowered Woman

Empowered Woman

Empowered Woman

Empowered Woman

Empowered Woman

Empowered Woman

Empowered Woman

Empowered Woman

Empowered Woman

Empowered Woman

Empowered Woman

Empowered Woman

Empowered Woman

Empowered Woman

Empowered Woman

Empowered Woman

Empowered Woman

Empowered Woman

Empowered Woman

Empowered Woman

Empowered Woman

Empowered Woman

Empowered Woman

Empowered Woman

Empowered Woman

Empowered Woman

Empowered Woman

Empowered Woman

Empowered Woman

Empowered Woman

Empowered Woman

Empowered Woman

Empowered Woman

Empowered Woman

Empowered Woman

Empowered Woman

Empowered Woman

Empowered Woman

Empowered Woman

Empowered Woman

Empowered Woman

Empowered Woman

Empowered Woman

Empowered Woman

Empowered Woman

Empowered Woman

Empowered Woman

Empowered Woman

Empowered Woman

Empowered Woman

Empowered Woman

Empowered Woman

Empowered Woman

Empowered Woman

Empowered Woman

Empowered Woman

Empowered Woman

Empowered Woman

Empowered Woman

Empowered Woman

Empowered Woman

Empowered Woman

Empowered Woman

Empowered Woman

Empowered Woman

Empowered Woman

Empowered Woman

Empowered Woman

Empowered Woman

Empowered Woman

Empowered Woman

Empowered Woman

Empowered Woman

Empowered Woman

Empowered Woman

Empowered Woman

Empowered Woman

Empowered Woman

Empowered Woman

Empowered Woman

Empowered Woman

Empowered Woman

Empowered Woman

Empowered Woman

Empowered Woman

Empowered Woman

Empowered Woman

Empowered Woman

Empowered Woman

Empowered Woman

Empowered Woman

Empowered Woman

Empowered Woman

Empowered Woman

Empowered Woman

Empowered Woman

Empowered Woman

www.steelpublishinggroup.com

Empowered Woman

www.AdebolaAjao.com